yukismart.com/b/6a03d6
AF291975
1
2

chat

kedi

chien

köpek

poisson

balık

oiseau

kuş

poule

tavuk

coq

horoz

poussin

civciv

oeuf

yumurta

vache

inek

mouton

koyun

cochon

domuz

chèvre

keçi

cheval

at

âne

eşek

souris

fare

lapin

tavşan

dinde

hindi

oie

kaz

paon

tavuskuşu

canard

ördek

caneton

ördek yavrusu

cygne

**kuğu

libellule

yusufçuk

mouche

sinek

fourmi

karınca

fourmilier

karıncayiyen

coccinelle

uğur böceği

ver de terre

solucan

limace

sümüklü böcek

chenille

tırtıl

escargot

salyangoz

papillon

kelebek

sauterelle

çekirge

abeille

arı

miel

bal

araignée

örümcek

herbe

çimen

scarabée

böcek

moustique

sivrisinek

scorpion

akrep

lézard

kertenkele

tortue

kaplumbağa

crabe

yengeç

crevette

karides

homard

ıstakoz

baleine

balina

requin

köpek balığı

raie

vatoz

dauphin

yunus

oursin

denizkestanesi

méduse

denizanası

calamar

kalamar

étoile de mer

denizyıldızı

mouette

martı

mer

deniz

pélican

pelikan

cormoran

karabatak

coquillages

deniz kabukları

sable

kum

éléphant

fil

zèbre

zebra

girafe

zürafa

serpent

yılan

crocodile

timsah

lion

aslan

tigre

kaplan

hippopotame

su aygırı

rhinocéros

gergedan

guépard

çita

chameau

deve

antilope

antilop

flamant rose

flamingo

autruche

deve kuşu

cigogne

leylek

perroquet

papağan

gorille

goril

singe

maymun

koala

koala

panda

panda

kangourou

kanguru

hérisson

kirpi

écureuil

sincap

loup

kurt

renard

tilki

raton laveur

rakun

ours

ayı

cerf

geyik

aigle

kartal

chauve-souris

yarasa

sanglier

yaban domuzu

corbeau

karga

hibou

baykuş

pivert

ağaçkakan

putois

kokarca

taupe

köstebek

castor

kunduz

ours polaire

kutup ayısı

neige

kar

pingouin

penguen

chouette des neiges

kar baykuşu

forêt

orman

montagne

dağ

narval

denizgergedanı

orque

katil balina

morse

mors

phoque

fok

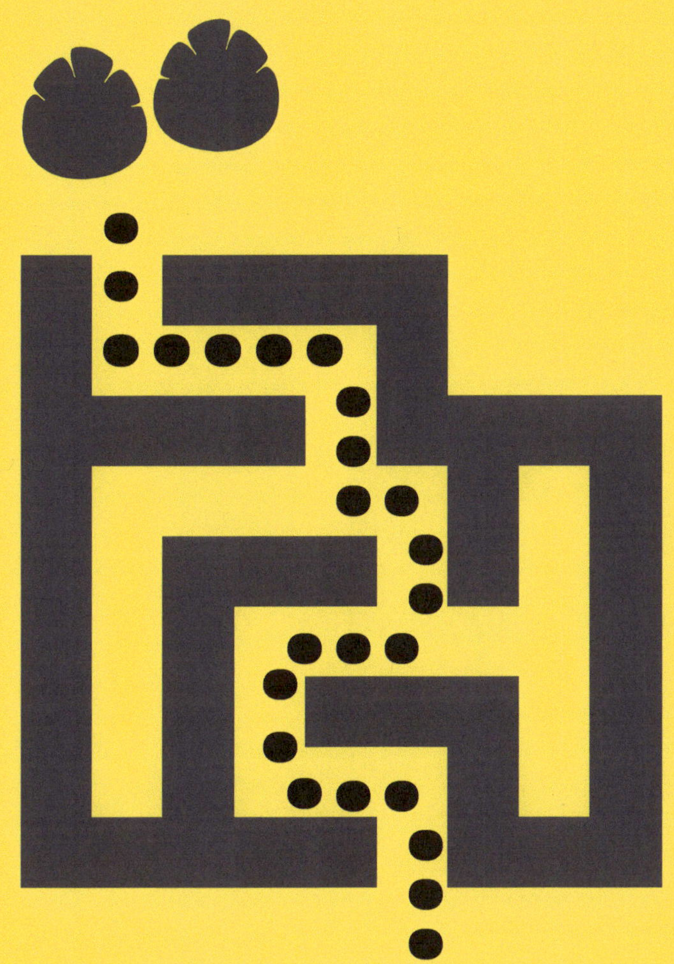